FACULTÉ DE DROIT DE PARIS.

Thèse
POUR LA LICENCE.

L'acte public sur les matières ci-après sera soutenu,
le jeudi 30 novembre 1854, à deux heures,

Par GEORGES-ADOLPHE BRIZARD.

Président : M. COLMET-DAAGE, Professeur.

Suffragants :
- MM. VALETTE,
- OUDOT, } Professeurs.
- DURANTON,
- DUVERGER, } Suppléants.

Le Candidat répondra en outre aux questions qui lui seront faites sur les autres matières de l'enseignement.

PARIS,
VINCHON, FILS ET SUCCESSEUR DE Mme Ve BALLARD,
Imprimeur de la Faculté de Droit,
RUE J.-J. ROUSSEAU, 8.

1854.

A MON PÈRE, A MA MÈRE.

JUS ROMANUM.

DE JUREJURANDO.

DE JUREJURANDO, SIVE VOLUNTARIO, SIVE NECESSARIO,
SIVE JUDICIALI.

(Dig., lib. xii, tit. 2.)

Jusjurandum est religiosa invocatio in testimonium veritatis, et « maximum remedium expediendarum litium, » ut ait Gaius, apud veteres jurisconsultos jampridem visum est. Non tamen, per jusjurandum, semper ipso jure lites exstinguuntur : si non dubium sit jusjurandum, vel si ante ipsum prætorem delatum præstitumque fuit, tum quidem ille magistratus actionem pure denegabit : si vero inter actorem et reum controversia sit, an jusjurandum datum fuerit, non denegabitur actio, sed opponetur exceptio.

Jurisjurandi auctoritatem non minimam esse constat : enimvero vicem rei judicatæ obtinet; nec immerito : quum ipse quis judicem adversarium suum de causa sua fecerit, deferendo ei jusjurandum. Inde ista Pauli verba : « Jusjurandum speciem transactionis continet, majoremque habet auctoritatem, quam res judicata. »

His igitur generaliter expositis, videamus quot jurisjurandi sint species. Primum quidem dividitur in assertorium et promissorium, quum ad præterita vel præsentia pertinet, aut ad futura. Assertorii autem jurisjurandi triplex divisio est : aut enim voluntarium est, aut necessarium, aut judiciale. De hujus divisionis significatione non omnes auctores consentiunt. Nos Potherii sententiam sequeremur, existimantis jusjurandum voluntarium ita dictum, quia voluntate seu arbitrio ejus cui defertur, relinquitur an illud præstare aut referre velit. Illud vero quod refertur, necessarium; quia is cui refertur, non habet hoc arbitrium : sed nisi juret, causa cadit. Judiciale denique, quod a judice defertur.

SECTIO PRIMA.

De jurejurando, sive voluntario, sive necessario.

§ 1. — Quis jusjurandum deferre possit, cui, et ex quibus causis, quoties.

Tam actor reo jusjurandum deferre potest, quam reus actori. Is autem demum qui liberam suorum bonorum habet administrationem, solus jusjurandum deferre potest : itaque pupillus sine tutore auctore illud deferre non potest : idem in prodigo et in cæteris similibus ei dicendum.

Tutor vero atque furiosi prodigive curator jusjurandum deferre possunt : « Nam et alienare res, et solvi eis potest, et agendo rem in judicium deducunt. » (L. 17, § 2.) Id autem solum audiendum est, si ita pupillo expediat, et omnibus aliis probationibus deficientibus.

Jusjurandum a procuratore delatum ratum habendum est, scilicet : si aut universorum bonorum administrationem sustineat, aut si ad hoc speciale mandatum acceperit, aut si in rem suam procurator sit.

Filiusfamilias vel servus « conditionem eorum, quibus subjecti sunt, non faciunt deteriorem. » (L. 24.) Quod si de negotio proprio an peculiari filiifamilias aut servi agatur, inter filiumfamilias et servum differentia est : nam filiusfamilias jusjurandum semper deferre potest, et de peculio danda est actio : sed in servo diversum est, nisi tamen servus liberam peculii administrationem habeat.

Cuicumque jusjurandum deferri potest, exceptis videlicet iis qui rerum suarum administrationem non habent, et iis qui justam ignorantiæ causam allegare possunt.

« Jusjurandum et ad pecunias et ad omnes res locum habet. » (L. 34.) Qui jusjurandum detulit, et delationem revocavit, postea illud iterum deferre non potest.

§ 2. — De effectu delati jurisjurandi et relati.

Is cui jusjurandum delatum est aut jurare debet aut illud adversario referre ; aliter condemnandus est : etenim « manifestæ turpitudinis et confessionis est, nolle nec jurare nec jusjurandum referre. » (L. 38.)

Relatum jusjurandum semper præstari debet, nec referri potest.

§ 3. — Quomodo jusjurandum debeat interponi : quod jusjurandum tueatur prætor, et quando non præstitum habeat pro præstito.

Quale jusjurandum delatum est, tale præstari debet. Ubi autem judicium acceptum est, aut ubi quis illud accipere teneretur, jusjurandum interponi debet

Illud jusjurandum tuetur prætor quod quis conditione delata præstitit, dummodo id, quod juratum est, possibile sit : cæterum ætas sexusve jurantis nullius sunt momenti. Jusjurandum etiam tuebitur prætor quod extra litem ex conventione præstitum est.

Remissum jusjurandum pro præstito a prætore habetur : remittit jusjurandum qui, quum paratus esset adversarius jurare, gratiam ei facit. Jurisjurandi gratiam facere pupillus non potest.

Qui jusjurandum defert, prior de calumnia debet jurare, si hoc exigatur : patrono tamen et parentibus hoc jusjurandum remittitur. Jusjurandum de calumnia referenti non datur.

§ 4. — De effectu jurisjurandi præstiti.

Jusjurandum varios producit effectus, prout a reo aut ab actore præstitum est. Reo enim exceptionem, actori actionem jurisjurandi parit,

Exceptio jurisjurandi locum habet, ut supra diximus, quum ambigitur an jusjurandum delatum sit. Hæc exceptio non tantum si ea actione quis utatur cujus nomine exegit, opponi debet, sed etiam si alia : si modo eadem quæstio in hoc judicio deducatur. Jusjurandum a reo exactum perpetuam parit exceptionem, interdum etiam actionem.

Actori delato vel relato jurejurando, si juraverit, vel ei remissum sit sacramentum, ad similitudinem judicati in factum actio competit : in qua hoc solum quæritur an juratum sit aut jusjurandum remissum fuerit. In hac actione in factum illud venit quod veniret in actione directa. Differt tamen utilis a directa, quod in utili non veniet poena quæ ex inficiatione rei deberetur, si actione directa ageretur. Iisdem modis exstinguitur quam actio directa : at vero perpetua est quamvis obligatio ex qua quis sibi deberi juravit, esset temporalis. Jusjurandum actoris etiam interdum adversus ipsum utilem parit actionem.

§ 5. — Inter quas personas jusjurandum efficax sit.

Prodest jusjurandum, non solum juranti, sed etiam iis qui in ejus locum succedunt; sive in rem, sive in universum jus. Prodest etiam correis promittendi, si tamen super contractu juratum est : item, si reus juravit, fidejussor tutus fit. Mihi quoque proficiet jusjurandum quod quis adversario meo deferente, meo nomine præstitit.

Nocet jusjurandum iis adversus quos præstitum est, iisve qui in eorum locum succedunt, aut qui ejusdem obligationis creditores sunt.

§ 6. — An et ex quibus causis possit infirmari jurisjurandi auctoritas ?

Ex paucis causis jusjurandum rescinditur : veluti si minor viginti quinque annis delatione jurisjurandi captum se dicat, et vere capiatur : vel si quis in fraudem creditorum jusjurandum detulerit debitori : vel posteriori jurejurando contrario.

SECTIO SECUNDA.

De jurejurando judiciali.

Jusjurandum judiciale illud est, quod ipse judex, ob inopiam probationum, alteri ex litigatoribus ad decisionem causæ defert. Quare ex integro causam agere permittitur, si quis nova instrumenta se invenisse dicat, quibus nunc solis usurus sit.

SECTIO TERTIA

De perjurii pœna.

Jure Pandectarum, nulla pœna statuta erat in eum, qui per Deum pejeraverat : hunc autem Honorius et Arcadius pœna infamiæ plexerunt. Cæterum, qui per principis venerationem pejerabat, fustibus castigabatur.

DE IN LITEM JURANDO.

(Dig., lib. xii, tit. 3.)

Jusjurandum in litem est illud quod a judice actori defertur, rei in judicium deductæ æstimandæ causa.

In actionibus in rem, et in ad exhibendum, et in bonæ fidei judiciis, in litem juratur. Si res de qua agitur certæ æstimationis sit, huic juramento non est locus, nisi aliunde actoris intersit. In his omnibus actionibus, juratur ob dolum : sin autem culpa tantum punitur, jusjurandum non est deferendum, sed ipse judex æstimationem facere debet. Interdum et in actione stricti judicii in litem jurandum est.

Hoc jusjurandum a judice tantum deferri potest. Alius non potest jurare quam qui litem suo nomine contestatus est.

Jurare in infinitum licet. Sed judex taxationem jurijurando adjicere potest : licuit enim ei a principio nec deferre.

Etsi juratum fuerit, judici licet, ex magna causa aut postea repertis probationibus, vel absolvere, vel minoris condemnare quam juratum est.

POSITIONES.

I. Quid sit jusjurandum voluntarium et necessarium inter auctores non constat.

II. Jusjurandumne aliquando actionem reo parit? — Parit.

III. Nonne, in actionibus stricti juris, in litem jurari potest ? — Aliquando.

IV. Nonne in aliqua parte formularum, quum in rem agitur, causa potest adjici ? — Potest.

DROIT FRANÇAIS.

DE LA PREUVE EN GÉNÉRAL.
(Code Nap., art. 1315, 1316.)

Prouver un droit, c'est en établir l'existence par les moyens qu'autorise la loi.

A qui incombe la charge de la preuve? D'après l'art. 1315, « celui qui réclame l'exécution d'une obligation doit la prouver. Réciproquement, celui qui se prétend libéré doit justifier le paiement ou le fait qui a produit l'extinction de son obligation. » C'est la traduction de cette maxime du droit romain : « *Onus probandi incumbit actori, ei qui dicit, non ei qui negat.* » Ainsi, par *actor*, on entend non pas le demandeur, mais la partie demanderesse ou défenderesse qui soulève une allégation. Le demandeur doit prouver le droit sur lequel il fonde sa demande ; cette preuve faite, c'est alors au défendeur de prouver sa libération : « *Reus excipiendo fit actor.* » En un mot, quiconque allègue un fait nouveau, contraire à la position acquise par l'adversaire dans le débat, doit établir la vérité de ce fait.

L'art. 1316 énonce cinq moyens de preuve : l'écriture, le témoignage, les présomptions, l'aveu et le serment. Nous n'avons à examiner ici que les trois derniers.

DES PRÉSOMPTIONS.

(Code Nap., art. 1349-1353. — Ordonnance de janvier 1629, art. 121.)

« Les présomptions, dit l'art. 1349, sont des conséquences que la loi ou le magistrat tire d'un fait connu à un fait inconnu. »

Cette définition convient également aux preuves proprement dites. Il y a cependant une différence entre les preuves et les présomptions : lorsque le fait connu consiste dans l'aveu ou l'affirmation du fait inconnu, la conséquence qu'on en tire est une preuve; mais lorsqu'on tire seulement une induction plus éloignée de certains faits, de certaines circonstances, c'est une présomption.

Les présomptions sont légales, c'est-à-dire établies par la loi, ou judiciaires, c'est-à-dire abandonnées à l'appréciation des magistrats.

§ 1er. — Des présomptions établies par la loi.

La présomption légale est celle qui est attachée par une loi spéciale à certains actes ou à certains faits. Le législateur cite, à titre d'exemple, les cas suivants :

1° « Les actes que la loi déclare nuls, comme présumés faits en fraude de ses dispositions, d'après leur seule qualité. » Ainsi, la donation faite au père, à la mère, à l'époux, aux enfants et descendants d'une personne incapable de recevoir du donateur, est présumée faite à l'incapable lui-même.

2° « Les cas dans lesquels la loi déclare la propriété ou la

libération, résulter de certaines circonstances déterminées. »
Ainsi, en matière de prescription, une possession continuée pendant un certain temps fait présumer la propriété, et l'inaction d'un créancier pendant un certain temps fait présumer l'extinction de la dette.

3° « L'autorité que la loi attribue à la chose jugée. »
4° « La force que la loi attache à l'aveu de la partie ou à son serment. »

C'est par inadvertance que l'art. 1350 range ici l'aveu parmi les présomptions : c'est une véritable preuve, comme on le vera plus loin.

DE L'AUTORITÉ DE LA CHOSE JUGÉE.

Une des présomptions les plus importantes est celle qui résulte de l'autorité de la chose jugée.

Les juges peuvent, sans doute, se tromper dans leurs décisions ; mais les procès seraient interminables, s'il était permis de reporter indéfiniment devant la justice les mêmes contestations. Dans un intérêt d'ordre public bien entendu, la loi a dû décider que la chose déclarée par le juge serait réputée conforme à la vérité : « *res judicata pro veritate accipitur.* » Toutefois, cette présomption doit être restreinte dans de justes limites : aussi, l'art. 1351 exige-t-il, pour qu'il y ait chose jugée, le concours de trois conditions : 1° identité de l'objet de la demande ; 2° identité de la cause de la demande ; 3° identité des parties et de leurs qualités ; « *eadem res, eadem causa petendi, eadem conditio personarum.* »

1° *Identité d'objet.* — L'objet de la demande est le but immédiat que l'on se propose d'atteindre en plaidant. Il ne faut pas entendre cette condition dans un sens trop restreint. Ainsi, il est évident que les améliorations ou les détériorations de la chose n'en font pas un objet distinct. On ne doit pas non plus prendre à la lettre l'axiome romain: « *pars in toto est.* » Sans doute, si après avoir succombé en demandant la totalité d'une chose ou d'un droit, j'en réclame ensuite une partie qui puisse être considérée comme une conséquence de ce qui m'a été dénié, je serai repoussé par l'exception de la chose jugée. Mais il en serait autrement, si cette partie constituait un droit *sui generis* auquel le premier jugement n'aurait pu porter atteinte. Au reste, les différents systèmes qui ont été proposés sur ce point peuvent se ramener à cette règle : l'objet des deux demandes est le même, lorsque le jugement à intervenir sur la seconde ne peut que confirmer ou contredire le jugement rendu sur la première.

2° *Identité de cause.* — La cause de la demande est le fait qui donne naissance au droit contesté. Une demande peut avoir plusieurs causes : ainsi, après avoir succombé en réclamant une chose à titre de vente, je puis être reçu à prouver qu'elle m'est due à titre de prêt. Il ne faut pas confondre la cause, fondement de la demande, avec les moyens, qui servent de fondement à la cause. Il peut y avoir identité de cause, quoique les moyens soient différents. Par exemple, je demande la nullité d'une convention pour vice de consentement : voilà la cause; je m'appuie pour le prouver sur l'existence d'un dol : voilà le moyen. Si ma demande est rejetée, je ne pourrai pas en intenter une seconde en me fondant sur un autre moyen, v. g. sur la violence; car la cause est la même : c'est toujours le vice du consentement. Mais je pourrais intenter une nouvelle demande pour incapacité, car le vice de consentement et l'incapacité sont deux causes entièrement distinctes.

3° *Identité des parties.* — C'est un principe d'une sagesse évidente, que les jugements ne doivent avoir d'effet qu'entre les parties plaidantes : *res inter alios judicata alteri neque nocere neque prodesse potest.* Mais ce principe n'est pas sans difficulté dans ses applications.

Il s'agit ici non des personnes physiques, mais des personnes juridiques. Chaque individu peut réunir en lui plusieurs personnalités différentes, de même que plusieurs individus peuvent se confondre juridiquement parlant. Ainsi, après avoir succombé dans une action que je dirige comme tuteur d'un mineur, je puis intenter cette action en mon propre nom. Mais si le mineur voulait à son tour intenter l'action dans laquelle je l'ai représenté, il serait repoussé par l'exception de la chose jugée.

On peut de même opposer au mandant le jugement rendu contre son mandataire, à la femme celui rendu contre son mari lorsqu'il la représente, aux successeurs universels ceux rendus contre leur auteur. Cette règle s'applique également aux successeurs à titre particulier, mais seulement pour les procès qui ont eu lieu avant l'événement translatif de propriété.

Le jugement rendu contre un débiteur est opposable à ses créanciers chirographaires. Celui rendu contre un débiteur principal n'est pas opposable à sa caution, car elle n'a pas été représentée ; mais le jugement rendu au profit du débiteur peut être invoqué par la caution : s'il en était autrement, ce jugement ne profiterait pas au débiteur, car la caution poursuivie l'appellerait en cause. De même, le jugement rendu contre un débiteur solidaire n'est pas opposable à ses codébiteurs : ils sont en réalité cautions les uns des autres, quoique tenus plus rigoureusement ; mais le jugement rendu en faveur du débiteur solidaire profitera aux autres dans la limite de la part du premier ; autrement ils pourraient recourir contre lui, et il perdrait ainsi le bénéfice du jugement.

Ajoutons enfin que, pour qu'on puisse opposer l'exception de la chose jugée, il faut que le jugement ne puisse plus être attaqué par l'opposition ou l'appel : mais la possibilité des recours extraordinaires n'exclut pas l'autorité de la chose jugée.

DE L'INFLUENCE DU CRIMINEL SUR LE CIVIL.

La réunion des trois conditions nécessaires, d'après l'article 1351, pour donner lieu à la chose jugée, n'est exigée que lorsqu'il s'agit de deux demandes civiles. Il en est autrement dans le cas d'un jugement criminel suivi d'une demande civile. Le jugement rendu sur l'action publique doit avoir l'autorité de la chose jugée, pour ou contre l'action civile en dommages-intérêts portée devant un tribunal civil; en d'autres termes, *le criminel emporte le civil*. A la vérité, on ne trouve ici ni l'identité des parties, puisque l'action publique est poursuivie au nom du ministère public, tandis que l'action civile l'est au nom de la partie privée ; ni l'identité d'objet, car l'objet de la première est la peine, et l'objet de la seconde est la réparation pécuniaire du dommage causé ; mais l'art. 1351 n'est qu'une règle de droit civil ; il est donc inapplicable lorsqu'il s'agit de deux actions dont l'une est criminelle et l'autre civile. Comment admettre, en effet, que l'individu accusé à raison d'un fait dont la non existence a été reconnue, puisse être passible d'une condamnation quelconque pour ce prétendu fait devant un tribunal civil? ou, à l'inverse, que celui qui a été condamné comme coupable d'un crime, puisse ensuite soutenir devant le tribunal civil que ce crime n'a pas été commis ou ne lui est pas imputable? Toutefois, si la nature des choses ne permet plus d'exiger la réunion des trois conditions de l'art. 1351 pour qu'il y ait autorité de la chose jugée, il faut que cette autorité soit limitée à ce qui a été décidé par le jugement criminel. Ainsi, quand ce ugement a déclaré simplement la non culpabilité de l'accusé, rien n'empêche que la partie lésée vienne prouver au civil que le fait existe, que l'individu acquitté en est l'auteur et que ce fait constitue un quasi-délit ou un délit de droit civil donnant lieu à des dommages-intérêts. Alors, en effet, il n'y a plus contradiction entre le point jugé au criminel et celui qu'on veut établir au civil.

DE L'EFFET DES JUGEMENTS ÉTRANGERS EN FRANCE.

L'autorité des magistrats institués par chaque souverain s'arrête aux limites de ses états. Ce principe est depuis longtemps admis dans notre législation, et l'art. 121 de l'ordonnance de 1629 s'exprimait ainsi : « Les jugements rendus, contrats ou obligations reçues esroyaumes et souverainetez étrangères, pour quelque cause que ce soit, n'auront aucune hypothèque ni exécution en notre dit royaume, ains tiendront les contrats lieu de simples promesses; et nonobstant les jugements, nos sujets, contre lesquels ils auront été rendus, pourront de nouveau débattre leurs droits comme entiers par devant nos officiers. »

Comme on le voit, ce texte renferme deux dispositions distinctes : la première refuse aux jugements étrangers leur exécution en France; la seconde a pour objet spécial les jugements rendus en pays étranger au préjudice des Français, qu'elle autorise à plaider au fond de nouveau. Cette ordonnance est-elle encore en vigueur? Nous le pensons. On oppose, il est vrai, les art. 2123, 2128, Cod. Nap. et 546, Cod. proc. Examinons-les en faisant, pour un moment, abstraction de l'ordonnance de 1629.

Ces articles établissent qu'aucun jugement rendu à l'étranger ne peut recevoir d'exécution en France, ou y exercer l'autorité de la chose jugée, qu'au préalable il n'ait été déclaré exécutoire par un tribunal français. Mais quelle sera la mission du tribunal français saisi de la demande à l'effet d'exécution? Devra-t-il examiner de nouveau le fond de la décision? Non, car alors ce tribunal rendrait un jugement nouveau, et ce ne serait plus le jugement étranger qu'on exécuterait, mais le jugement français. Devra-t-il donc se borner à donner la force exécutoire au jugement étranger? Non encore, car on ne s'expliquerait pas pourquoi la loi aurait exigé ici la participation de tout un tribunal français, tandis qu'elle fait résulter la force exécutoire, pour une sentence arbitrale, d'un simple visa du président. Nous dirons donc que le tribunal français a droit de se livrer à un certain examen, qui portera uniquement sur la question de savoir si le jugement renferme des dispositions contraires, soit à la souveraineté de la nation française, soit à ses intérêts, soit enfin au droit public de la France. Dans l'affirmative, le tribunal refusera d'en ordonner l'exécution ; dans la négative, il déclarera le jugement exécutoire sans examen préalable du fond. Tel est, selon nous, le sens des art. 2123, 2128, Cod. Nap., et 546, Cod. proc.

Ces trois articles ne sont que le complément de la première disposition de l'art. 121 de l'ordonnance, pour former ensemble la règle générale qui vient d'être énoncée. Mais il est fait à cette règle une exception évidente par la seconde disposition, qui reste entière, puisqu'on a vu que les trois articles ci-dessus ne s'occupent que de la force exécutoire. Ainsi, le Français contre lequel un jugement a été rendu à l'étranger, peut débattre de nouveau ses droits devant le tribunal français. Cette exception n'existe pas en faveur de l'étranger qui a succombé devant les juges étrangers : la distinction établie par l'art. 121 continue donc à subsister.

DE LA FORCE PROBANTE DES PRÉSOMPTIONS LÉGALES.

« La présomption légale, dit l'art. 1352, dispense de toute « preuve celui au profit duquel elle existe. » Ainsi, celui qui invoque une présomption légale doit seulement établir l'existence du fait qui motive cette présomption. Mais la partie à laquelle elle est opposée peut-elle la combattre et la faire tomber par des preuves contraires? Cette question nécessite une distinction : certaines présomptions sont *simples*, elles admettent toujours la preuve contraire; d'autres sont *absolues*, elles n'admettent pas la preuve contraire, à moins que la loi ne l'ait réservée par un texte formel. Les premières ont été appelées présomptions *juris tantum* ; les secondes, présomptions *juris et de jure*.

Les présomptions simples forment le droit commun : elles peuvent être combattues par toutes sortes de preuves, même par des présomptions de faits.

A l'égard des présomptions absolues, l'art. 1352 ajoute : « nulle « preuve n'est admise contre la présomption de la loi, lorsque, « sur le fondement de cette présomption, elle annulle certains « actes ou dénie l'action en justice, à moins qu'elle n'ait réservé « la preuve contraire, et, sauf ce qui sera dit sur le serment et « l'aveu judiciaires. »

Ainsi, deux cas de présomptions *juris et de jure* :

1° Lorsque la loi annule certains actes : ce sont les actes déclarés nuls comme présumés faits en fraude, d'après leur seule qualité : par exemple, les dispositions faites au profit d'incapables sous le nom de personnes interposées : la personne interposée n'est pas admise à prouver qu'elle est le véritable donataire.

2° Lorsqu'elle dénie l'action en justice : comme la prescription, l'autorité de la chose jugée.

« A moins qu'elle n'ait réservé la preuve contraire, » La loi n'a fait nulle part cette réserve pour les présomptions sur le fondement desquelles elle annulle certains actes; mais on en trouve des exemples pour celles sur le fondement desquelles elle dénie l'action en justice. Ainsi, le mari, présumé être le père de l'enfant conçu pendant le mariage, peut faire tomber cette présomption en administrant la preuve des faits prévus par les art. 312 et 313.

« Et, sauf ce qui sera dit sur le serment et l'aveu judiciaires. » Ces derniers mots ont soulevé de nombreuses difficultés : voici l'interprétation la plus généralement adoptée. L'aveu et le serment judiciaires constituent un genre de preuve exceptionnel, qu'on peut admettre quand les autres ne sont pas admissibles. Les présomptions absolues pourront donc, alors même que la preuve contraire ne serait réservée par aucun texte, être combattues par l'aveu et le serment; ces moyens ne présentent, d'ailleurs, aucun danger, puisqu'ils laissent la solution de la question à la conscience de l'adversaire qui invoque la présomption. Toutefois, cela n'est vrai que pour les présomptions établies dans un intérêt purement privé : quant aux présomptions basées sur un intérêt d'ordre public, comme l'autorité de la chose jugée, l'aveu et le serment sont impuissants à les faire tomber. Sans doute cette distinction sera parfois difficile, mais nous ne croyons pas qu'on puisse donner un autre sens raisonnable aux derniers mots de l'art. 1352.

§ 2. — Des présomptions qui ne sont point établies par la loi.

Ces présomptions, appelées judiciaires ou de fait, sont abandonnées à l'appréciation des magistrats. Elles doivent être graves, précises et concordantes : mais le concours de plusieurs présomptions n'est pas indispensable ; l'ancienne maxime : « *testis unus, testis nullus,* » n'existe plus, et le juge peut chercher où il veut les éléments de sa conviction. Ces présomptions ne sont admissibles que dans les cas où il serait permis de faire entendre des témoins, autrement il serait trop facile d'éluder les régles sur la preuve testimoniale, si l'on pouvait prouver les conventions par de simples présomptions ne reposant sur aucun écrit.

DE L'AVEU.
(Code Nap., art. 1354-1356.)

L'aveu est la déclaration par laquelle une personne reconnaît la vérité des faits allégués par son adversaire. C'est de toutes les preuves la plus sûre et la plus forte : *probatio probatissima.*

L'aveu écrit dans un acte destiné à le contenir, constitue la preuve littérale. Mais l'aveu dont la loi s'occupe ici, est celui que fait le débiteur, soit de vive voix, soit dans un acte non destiné à le contenir, comme dans une lettre. Il est judiciaire ou extrajudiciaire.

De l'aveu judiciaire. — L'aveu judiciaire est celui qui est fait par la partie ou par son fondé de pouvoir spécial, soit devant le juge, soit par un acte de procédure signifié dans le cours de l'instance.

L'aveu peut entraîner une aliénation : il doit donc émaner d'une personne capable de disposer de l'objet sur lequel il porte. Ainsi, l'aveu fait par un mineur, par un interdit, ou par une femme mariée non autorisée à ester en justice, est sans effet.

L'aveu fait pleine foi contre celui qui l'a fait, mais il n'est pas toujours admissible comme moyen de preuve. La loi lui refuse tout effet dans certaines matières d'ordre public ou sur lesquelles il n'est pas permis de transiger : telles sont les reconnaissances d'enfants adultérins ou incestueux, les demandes en séparation de corps ou de biens.

En principe, l'aveu est indivisible; il doit être pris tel qu'il est et dans son entier. Si, par exemple, un créancier poursuit son débiteur, et si ce dernier, après avoir fait l'aveu de la dette, ajoute qu'il l'a payée, le créancier ne pourra pas scinder cette déclaration pour en prendre ce qui lui est favorable et rejeter le reste ; il doit l'accepter dans son intégrité ou la refuser. Mais l'aveu cesserait d'être indivisible si le débiteur alléguait un fait entièrement nouveau, tel qu'une créance en sa faveur qui se compenserait avec la dette avouée. Ces deux faits n'ayant plus aucune connexité entre eux, il serait permis de les séparer.

L'aveu ne peut être révoqué, si ce n'est pour erreur de fait. Ainsi l'héritier qui, poursuivi pour une dette de son auteur, en fait l'aveu, et qui découvre ensuite dans les papiers de la succession une quittance prouvant la libération, pourra révoquer son affirmation : *qui errat non fatetur*. Mais l'erreur de droit ne permet pas de révoquer l'aveu : de ce que la partie qui a fait cet aveu a ignoré les conséquences juridiques de sa déclaration, il ne s'ensuit pas que cette déclaration ne soit pas conforme à la vérité.

De l'aveu extrajudiciaire. — L'aveu extrajudiciaire a lieu hors de la présence du juge. Le Code défend de le prouver par témoins dans les cas où la preuve testimoniale du fait lui-même ne serait pas admissible.

DU SERMENT.

(Code Nap., art. 1357-1369.— Code de proc., art. 120-121.— Code pén., art. 366.)

Le serment est la déclaration que fait une personne en prenant la divinité à témoin.

Le serment est promissoire quand il se rapporte à des faits

à venir dont il a pour objet d'assurer l'accomplissement, ou affirmatif quand il se rapporte à des faits présents ou passés dont il a pour objet de certifier l'existence. La loi ne traite ici que du serment affirmatif.

Le serment affirmatif peut être déféré par l'une des parties à l'autre, ou par le juge à l'une ou à l'autre des parties : dans le premier cas on le nomme *décisoire*, dans le second *supplétoire*.

I. *Du serment décisoire.*

Le serment décisoire est une transaction par laquelle deux personnes conviennent de terminer une contestation en s'en rapportant à la déclaration assermentée que fera l'une d'elles. Il peut être judiciaire ou extrajudiciaire. Les règles qui régissent ces deux sortes de serment sont les mêmes, à l'exception d'une différence importante. Dans le serment extrajudiciaire, la transaction est volontaire; offerte par l'une des parties, elle peut être refusée par l'autre sans que ce refus doive lui préjudicier. Il n'en est pas de même dans le serment judiciaire : celui auquel le serment a été déféré doit nécessairement ou le prêter ou le référer à son adversaire; s'il refuse de prendre l'un ou l'autre de ces partis, il doit succomber, car par son refus il reconnaît tacitement que sa prétention est mal fondée. S'il prête le serment, il triomphe; s'il le réfère à son adversaire, ce dernier doit le prêter sous peine de succomber.

Délation du serment.—« Le serment décisoire, dit l'art. 1358, peut être déféré sur quelque espèce de contestation que ce soit. » Mais ces termes un peu trop généraux doivent souffrir quelques restrictions. Le serment ne peut être déféré que sur des faits susceptibles d'être l'objet d'une transaction : ainsi il ne peut pas l'être en matière de question d'état ou de séparation de corps ou de biens. De plus, ces faits doivent être personnels à celui auquel le serment est déféré ; car on ne saurait obliger quelqu'un à affirmer ou à nier des faits qui lui sont étrangers, par exemple, ceux d'un homme dont il est l'héritier. Réciproquement, le serment ne peut être référé que sur des faits personnels à celui auquel on le réfère. Toutefois, si l'on ne peut forcer un héritier à jurer des faits de son auteur, on peut lui déférer le serment sur la question de savoir s'il a ou non connaissance de la dette : c'est le serment de *crédibilité*.

Le serment peut être déféré en tout état de cause, et encore qu'il n'existe aucun commencement de preuve de la demande ou de l'exception sur laquelle il est provoqué.

Prestation du serment. — Celui auquel le serment est déféré n'est mis que par un jugement dans la nécessité de le prêter. Le juge doit examiner si la contestation est du nombre de celles qu'on peut terminer par un serment et en régler la forme : « Tout jugement qui ordonnera un serment énoncera les faits sur lesquels il sera reçu (art. 120, C. pr.). »

Le serment doit être prêté par la partie en personne, et à l'audience. En cas d'empêchement légitime et dûment constaté, il peut être prêté devant un juge que le tribunal commet et qui se transporte chez la partie, assisté du greffier. Si la partie est trop éloignée, le tribunal peut ordonner qu'elle prêtera serment devant celui de sa résidence. Le serment doit être prêté en présence de l'autre partie ou elle dûment appelée (art. 121, C. pr.).

La forme du serment consiste à jurer, en levant la main droite, que telle déclaration est véritable ; mais la loi n'a tracé aucune forme spéciale. Aussi, la jurisprudence admet qu'à l'égard de certains sectaires, comme les quakers et les anabaptistes, qui considèrent le serment comme une impiété, on peut se contenter d'une simple affirmation.

Effets de la prestation du serment. — Le serment prêté termine la contestation, comme le ferait une transaction Il ne forme preuve qu'au profit de celui qui l'a déféré ou contre lui, et au profit de ses héritiers ou ayant-cause, ou contre eux; car tirant son autorité de la convention des parties, il ne doit ni nuire ni profiter aux tiers.

Les créanciers solidaires sont censés mandataires les uns des autres à l'effet de conserver leur créance, sans l'être pour les actes qui pourraient la compromettre. Le serment prêté par l'un d'eux doit donc profiter à tous, tandis que le serment déféré par l'un d'eux ne libère le débiteur que pour la part de ce créancier. Il en est de même des débiteurs solidaires : le serment prêté par l'un d'eux profite à tous les autres, tandis que celui qu'il défère ne leur est pas opposable. La même raison conduit à décider que le serment déféré au débiteur principal libère les cautions, tandis que celui qu'il défère ne leur nuit pas; que le serment déféré à la caution profite au débiteur principal, tandis que celui qu'elle défère n'est pas opposable à ce débiteur. Mais il faut toujours supposer que le serment a été déféré sur la dette, car s'il n'est déféré que sur le fait de la solidarité ou du cautionnement, il ne peut être utile qu'à la partie qui l'a prêté, sans avoir aucune influence sur l'existence de la dette elle-même.

La partie qui défère ou réfère le serment fait à l'autre l'offre d'une transaction; cette offre peut être rétractée jusqu'à l'acceptation; mais une fois l'acceptation intervenue, la transaction est parfaite; elle ne pourrait plus être révoquée que du consentement des deux parties.

Quand le serment a été prêté, la partie qui l'a déféré ou référé n'est pas recevable à en prouver la fausseté. Elle a, en effet, suivi la foi de son adversaire; elle a consenti à s'en rapporter à sa déclaration, vraie ou fausse, et la convention intervenue entre les deux plaideurs interdit de rechercher si le serment est ou non conforme à la vérité. « *Non illud quæritur, an pecunia debeatur, sed an juraverit.* »

Cependant, l'art. 366 du Code pénal punit le faux serment de la dégradation civique. Comment donc concilier ces deux dispositions? En distinguant l'action civile de l'action publique. Sans doute le Code défend à la partie civile de prouver la fausseté du serment prêté ; mais le ministère public, agissant au nom de la société, peut et doit toujours poursuivre celui qui a prêté un faux serment. Toutefois, cette poursuite n'a lieu que dans 'intérêt de la morale publique et pour que le parjure ne reste pas impuni. La partie civile ne saurait s'en prévaloir, et lors même que le serment a été reconnu faux sur les poursuites faites par le ministère public, le jugement prononcé par le tribunal civil, en vertu de ce serment, reste irrévocable.

Mais si la partie civile ne peut attaquer la prestation du serment, elle peut en attaquer la délation en prouvant, par exemple, que cette délation est le résultat du dol ou de la violence ; elle arriverait ainsi à faire prononcer la nullité du serment.

II. *Du serment déféré d'office,*

Le serment déféré d'office par le juge est de deux sortes : le serment nommé vulgairement supplétoire (*in supplementum probationis*) déféré pour en faire dépendre la décision de la cause, et celui que les Romains appelaient serment *in litem*, déféré sur la valeur des choses qui sont l'objet du procès.

Le serment supplétoire ne peut être déféré qu'aux deux conditions suivantes. Il faut : 1° que la demande ou l'exception ne soit pas pleinement justifiée, car si la preuve est complète le serment est inutile; 2° qu'elle ne soit pas totalement dénuée de preuves. Il doit donc y avoir un commencement de preuve qui peut résulter soit d'un écrit, soit de certaines présomptio .

Mais dans ce dernier cas les présomptions ne peuvent autoriser le juge à déférer le serment qu'au-dessous de 150 fr. Au-dessus de cette somme, un commencement de preuve par écrit est indispensable, car la loi n'admet plus alors la preuve testimoniale. Or, si le juge ne peut remettre la décision à des témoins desintéressés, à plus forte raison il ne peut la remettre au témoignage de la partie intéressée elle-même.

Le serment supplétoire peut être déféré soit au demandeur soit au défendeur : la partie à laquelle il a été déféré ne peut le référer à l'autre.

A la différence du serment décisoire, le serment supplétoire n'a rien de transactionnel, il ne lie pas le juge, qui n'est pas obligé d'y subordonner sa décision. Du principe que ce n'est pas une transaction, il résulte encore que l'adversaire de celui qui a prêté un serment supplétoire doit être admis à en prouver la fausseté. Il peut également appeler du jugement qui le défère, et le juge d'appel peut non-seulement infirmer le jugement qui a déféré le serment, mais encore le déférer à l'appelant, s'il croit ce dernier plus digne de foi que la partie qui l'a prêté en première instance.

Le serment *in litem* ne peut être déféré qu'au demandeur, et seulement lorsqu'il est impossible de constater autrement la valeur de la chose demandée. Il ne peut pas être déféré *in infinitum* : le juge doit déterminer jusqu'à concurrence de quelle somme le demandeur en sera cru sur son serment.

DE LA PREUVE EN DROIT COMMERCIAL.
(Art. 109, Code com.).

Les engagements commerciaux peuvent être constatés par tous les moyens de preuve admis en droit civil ; ces moyens de preuve sont alors affranchis de certaines exigences rigoureuses.

incompatibles avec la nature et la multiplicité des opérations commerciales. Ainsi, il est permis au juge de reconnaître une date certaine aux actes sous seing privé, alors même qu'on ne se trouve dans aucun des cas prévus par l'art. 1328, Code Nap. Les actes commerciaux contenant des conventions synallagmatiques ne sont pas soumis à la formalité des doubles, à moins d'une disposition expresse de la loi, comme pour les sociétés en nom collectif et en commandite. De même le bon ou approuvé, déjà supprimé en faveur des marchands par l'art. 1326, Code Nap., n'est pas exigé pour la validité des actes qui contiennent des engagements unilatéraux. Enfin les juges de commerce peuvent admettre la preuve testimoniale pour toute somme, et même outre et contre le contenu aux actes, soit sous seing privé soit authentiques. Ils doivent également admettre les présomptions légales, et peuvent se décider par de simples présomptions de fait, car ces dernières sont permises toutes les fois que la preuve testimoniale l'est elle-même. Quant à l'aveu et au serment, leur admissibilité ne saurait faire aucun doute.

Indépendamment de ces preuves, la loi en consacre d'autres propres aux transactions commerciales. Ce sont les bordereaux ou arrêtés des agents de change ou courtiers, dûment signés par les parties, les factures acceptées, la correspondance, et les livres des parties. On sait que les livres de commerce peuvent être admis par le juge pour faire preuve entre commerçants, et pour faits de commerce ; que les particuliers peuvent invoquer contre les marchands les livres de ceux-ci ; mais les livres des marchands font-ils preuve contre les personnes non marchandes? L'art. 1329 répond négativement, tout en réservant ce qui sera dit à l'égard du serment ; en d'autres termes, la loi considère les livres des marchands comme un commencement de preuve par écrit, insuffisant, il est vrai, pour faire admettre la preuve testimoniale, mais pouvant autoriser le juge à déférer le serment supplétoire à celle des parties qui lui paraît la plus digne de foi.

QUESTIONS.

I. Quels sont les jugements qui ont l'autorité de la chose jugée? — Ceux qui ne peuvent plus être attaqués par les voies ordinaires.

II. Le juge peut-il suppléer d'office au moyen tiré de l'autorité de la chose jugée? — Non.

III. Celui qui a succombé en demandant le tout, peut-il, après la chose jugée, demander la partie? — Distinctions.

IV. Lorsque deux ventes d'un même objet ont été faites successivement au père et au fils, l'exercice de l'action du père par le fils devenu héritier compromet-il l'action qu'il avait de son chef? — Non.

V. Le jugement obtenu contre le débiteur est-il opposable à son créancier hypothécaire? — Non.

VI. Le jugement obtenu par le débiteur contre l'un des créanciers solidaires, ou par le créancier contre l'un des débiteurs solidaires, ou par le créancier contre le débiteur principal, peut-il être opposé aux autres créanciers ou débiteurs solidaires, ou à la caution? — Non.

VII. Le jugement rendu sur l'action criminelle a-t-il l'autorité de la chose jugée relativement à l'action civile? — Oui.

VIII. Le tribunal français appelé à donner la force exécutoire à un jugement rendu par un tribunal étranger, peut-il entrer dans le fond de la contestation? — Oui, pour les jugements rendus au préjudice des Français.

IX. L'aveu peut-il être rétracté tant qu'il n'a pas été accepté par l'adversaire? — Non.

X. Y a-t-il antinomie entre l'art. 1363 du Code Napoléon et l'art. 366 du Code pénal? — Non.

XI. En matière commerciale, le juge peut-il rejeter la preuve testimoniale même quand il s'agit de moins de 150 fr.? — Oui.

Vu par le Président de la thèse,
COLMET-DAAGE.

Vu par le Doyen,
C.-A. PELLAT.

www.ingramcontent.com/pod-product-compliance
Lightning Source LLC
Chambersburg PA
CBHW060613050426
42451CB00012B/2227